LES
VOIX PLÉBÉIENNES,

PAR

Casimir BLONDEAU,

TISSERAND.

Allons, enfant du prolétaire,
Pour aider un siècle meilleur,
Arbore la double bannière
Du poète et du travailleur.

VINÇARD.

1859.

POLIGNY,

IMPRIMERIE DE G. MARESCHAL.

1860.

LES

VOIX PLÉBÉIENNES.

LES
VOIX PLÉBÉIENNES,

PAR

Casimir BLONDEAU,

TISSERAND.

Allons, enfant du prolétaire,
Pour aider un siècle meilleur,
Arbore la double bannière
Du poète et du travailleur.

VINCARD.

1859.

POLIGNY,

IMPRIMERIE DE G. MARESCHAL.

—

1860.

Un Soir.

C'est quand le jour se meurt qu'on se plaît à rêver ;
Les souvenirs en nous se hâtent d'arriver.
Du fond de ses ennuis, le cœur monte, surnage.

Louis BELMONTET.

J'étais seul. — Je rêvais. — Je cherchais dans mon âme
Pourquoi je suis ici, d'où nous vient cette flamme
Qui nous donne la vie, et, d'où nous vient la mort ? —
Pourquoi nous maudissons bien souvent notre sort ? —
Pourquoi notre pensée ou se fixe ou s'envole
D'un bout du monde à l'autre au son d'une parole ? —
Pourquoi, rêveur, d'en bas nous regardons en haut ? —
Pourquoi nous bénissons dans nos chants le Très-Haut ? —
Pourquoi nous avons tant de peine à bien comprendre ? —
Pourquoi jeune ou vieillard, la mort vient nous surprendre ? —

J'allais, j'allais toujours rêveur et soucieux,
Quand une jeune fille au sourire joyeux

M'arrête d'un regard (elle était si jolie),
Et me dit lentement : Eh! c'est pour nous aimer,
« Car c'est la loi suprême » — et puis nous entr'aider
En ce monde où tout passe, où tout s'use et s'oublie.

J'allais avoir seize ans, depuis c'est mon amie.

1843.

Le Fils du Bûcheron.

Ballade.

Mon père est dans le bois, assis sous le feuillage ;
Il repose son bras des longs travaux du jour.
Chez nous grand'mère file attendant son retour.
Moi, je voudrais grandir dans mon riant village
Pour soutenir, aider mon père en son vieil âge,
Pour éloigner de lui le besoin, les regrets,
Quand il ne pourra plus venir dans nos forêts.

Oh ! quelquefois j'ai peur quand je porte à mon père
Du pain noir, puis du lait de ma chèvre Fleuron.
Ma foi, je ne veux pas me faire bûcheron
Pour mourir par les ours comme mon oncle Pierre ;
Et j'aime cependant le sentier solitaire
Où je respire, heureux, les parfums les plus frais.
Oh ! qu'il fait bon l'été, l'été dans les forêts !

Oui, je veux être gai comme l'oiseau qui vole
Et sait se faire un nid sous les feuilles d'ormeaux.
Je veux chanter, danser sur les bords des ruisseaux....
Mais qu'entends-je là-bas? — Ah! c'est la brise folle,
Qui porte, en se jouant, ma tremblante parole
A l'écho du rocher qui la répète après.
Oh! qu'il fait bon l'été, l'été dans les forêts!

J'ai quitté le village au lever de l'aurore :
Quand règne le soleil ici-bas tout est beau....
Déjà la nuit s'approche, et ce brillant flambeau
Descend, descend toujours.— Et je suis loin encore
Du village où m'attend mon ami Théodore,
Où je suis bien heureux, où tous les cœurs sont gais.
Oh! c'est triste la nuit, la nuit dans les forêts!

Dans ces rudes sentiers, que la nuit est épaisse!
C'est comme un manteau noir étendu sur le bois.
J'entends geindre là-bas d'intraduisibles voix! —
Ayez pitié, mon Dieu, de ma frêle jeunesse;
Éloignez les follets, et je prierai sans cesse
Pour vous remercier d'un aussi grand bienfait.
Oh! c'est triste la nuit, la nuit dans la forêt!

Ah! du moins si j'étais auprès de mon vieux père!
Déjà bien près l'ours gronde, et l'ours est bien méchant.
Dieu! s'il venait ici, que faire? — Pauvre enfant! —
Me cacher dans cet arbre ou bien sur cette pierre!
Mais il y peut monter! — Mon Dieu! Mon Dieu que faire! —
Bon, il s'en va plus loin, je n'aurai plus peur…. Mais
C'est bien triste la nuit, la nuit dans les forêts!

Un follet, deux follets glissent sous le feuillage.
Les voilà, les voilà qui s'avancent vers moi!
Allons, il faut m'enfuir et vaincre mon effroi.
Par où? — De ce côté? — Non, non vers le village,
Vers mon père allons vite…. Essoufflé, tout en nage,
Il découvre son père et va tomber auprès.
Oh! c'est triste la nuit, la nuit dans les forêts!

Enfant, dit le vieillard, d'où te viennent ces larmes!
Dis, pourquoi pleures-tu? — J'ai vu bien des follets
Courir dans la broussaille avec des farfadets;
L'ours aussi grommelait. — Colin sois sans allarmes,
Ne crains rien près de moi. — Va, nous avons des armes;
Nous saurons les chasser s'ils viennent ici près.
Oh! ne crains rien la nuit, la nuit dans les forêts!

Colin, je viens ici dès ma tendre jeunesse
Et n'ai jamais eu peur des follets ni des ours.
Mes prières au ciel s'élèvent tous les jours,
Et toujours le bon Dieu dans sa douce sagesse
Sut chasser de mon cœur la crainte et la paresse.
Bénissons-le, mon fils, révérons ses décrets,
Quand bien même il fait noir, la nuit dans les forêts !

L'hiver.

A Mme Charles G.

L'hiver glace les champs, les beaux jours sont passés,
Malheur au pauvre sans demeure,
Loin des secours il faut qu'il meure!
Comme les champs, alors, tous les cœurs sont glacés!

Louis BELMONTET.

Riches, voici l'hiver, voici vos jours de fête. —
Voici les jours témoins de ces douleurs muettes,
Qui régnent parmi nous, que vous ne savez pas. —
Non, jamais vous n'avez au milieu de l'orgie,
Songé que de l'hiver la froide léthargie,
Nous amène la faim en arrêtant nos bras.

Riches, voici les jours des joies étourdissantes,
Des concerts, des festins, des danses énivrantes. —
Abandonnez les champs, rentrez dans vos salons
Où brillent le satin, les lustres et la soie. —
Allez vous étourdir au luxe que déploie
Votre orgueil effréné, quand, pauvres, nous souffrons.

Là, tout est disposé pour qu'on puisse sans crainte
Se livrer au plaisir sans entendre la plainte
Qui passe dans la rue, hélas! quand vous riez.
Oui, le mal est pour nous, parias que nous sommes.
A vous riches banquiers, gandins et gentilhommes,
Les fêtes, le bonheur. — Nous pleurons. — Vous chantez!

Donnez, donnez un peu de votre superflu,
Au malheureux qui souffre ici bas, et n'a plus
De travail ni de pain pour ses enfants, leur mère!
Ah! si vous les voyiez presque nus et sans feu,
Tous ces pauvres petits pleurant, invoquant Dieu!
Vous sauriez soulager leur infime misère! —

Donnez pour être heureux dans vos étourdissants
Et luxueux banquets. — Donnez aux indigents;
Et quand viendra de Dieu le jugement suprême;
Quand son bras juste et fort vous inclinera tous,
Eh bien! vous les verrez, priant à deux genoux,
Demander votre grâce,.... arrêter l'anathème! —

1845.

À mon ami C. G.

Souvent pour être seul avec mes rêveries,
Je dirige mes pas vers notre Montrivel.
Hélas! on ne voit plus dans les sentiers fleuris
        Errer, comme autrefois, l'aimable Duhamel !

Salut mon beau vallon ! — Salut ô Champagnole
Que j'admire d'ici ; — ne jamais te quitter,
Voilà mes vœux, pays charmant dont je raffole,
        Que dans mes vers j'aime à chanter !

Le bruit des chars roulant sur le pavé sonore ;
Les rustiques chansons du laboureur joyeux ;
Ces ruines, ces rochers, qu'un soleil couchant dore,
        Tout m'enchante et me rend heureux !

Cependant quand je vois les maisons de nos villes,
Je songe avec tristesse et même avec dédain,
Qu'on trouve sous leurs toits bien des âmes serviles,
  L'orgueil, la haine et bien souvent la faim ! —

Qui donc sépare ainsi jusque dans nos villages,
Ces hommes qui devraient s'entr'aider, se chérir ? —
C'est l'égoïsme, ami, ce mal de tous les âges
  Qui les atteint sans coup férir ! —

C'est l'avide agiot, — c'est l'écrasante usure,
Qui se glissant partout sèment le désespoir ! —
« La ferme, le château, la plus humble masure,
  « Tout subit ici-bas cet occulte pouvoir. »

Amour, sainte amitié, paisible confiance,
  Et vous, aimante charité,
N'aurez-vous pas un jour dans mon pays de France
  Droit de cité ? —

1847.

A J. Gresset.

Combien de parias que la honte accompagne
Sur le roc du malheur, rameaux abandonnés ,
A végéter sans bruit semblent prédestinés ;
Loin de les condamner au vent de l'anathème ,
De la manne des arts qui pleut sur vos élus ;
Riches, versez sur eux l'ineffable baptême :
Cultivez-les, vos soins ne seront pas perdus.

P. Lachambaudie.

Poëte jurassien que je connais à peine,
Pardonnes, je te prie, à la muse incertaine
Qui t'apporte aujourd'hui ces informes essais.
Il faudrait une lyre, une voix de poëte,
Pour te dire combien mon âme est inquiète
     Pour l'œuvre que tu sais.

Je suis né comme toi dans cette pauvre classe
Que des fats blasonnés nomment : — la populace.
Mais je rougis pour eux de leurs sottes erreurs,
Car ils ne savent pas qu'au siècle où nous sommes,
Il est parmi le peuple, il est de dignes hommes,
     De grands et nobles cœurs.

Car ils ne savent pas dans leur insouciance
Que nous avons vaincu le vieux monstre ignorance ;
Que nous avons appris nos droits, notre devoir ;
Que nous ne marchons plus tâtant dans la nuit sombre,
Redoutant l'avenir, qui, se perdant dans l'ombre
      Nous laissait sans espoir.

— « Oh ! n'est-il pas étrange, injuste, humiliant
« De voir autour de nous goûter paisiblement
« Les douceurs d'une vie oiseuse, incontinente,
« Tous ceux qui ne font rien, quand les autres, hélas !
« Qui travaillent sans cesse, ami, ne gagnent pas
« Toujours pour alléger la faim qui les tourmente !
« Ah ! s'il m'était donné d'exprimer en beaux vers,
« Avec autant de force et de larmes amères,
« Que j'en ai ressenti de douleurs, ces misères
« Qui les rongent parfois en ce triste univers ;
« Si ma plume savait retracer à vos âmes,
« Aussi fidèlement, avec autant de flammes
« Que mon cœur gardera souvenir de ces maux.
« Oh ! quels enseignements, quelles leçons terribles
« Je vous dirais à tous, opulents, nos égaux
« Devant l'Être suprême ; à vous cœurs insensibles
« Qui détournez les yeux et craignez nos douleurs,
« Qui lancez le sarcasme et riez de nos pleurs ! »

Nourris de ces leçons stupides et obscures,
Qu'on jetaient autrefois à nos âmes si pures.
Satisfaits d'un destin qu'on n'ose définir,
Il nous eût, cher Gresset, semblé bien téméraire
D'espérer ici-bas, enfants du prolétaire,
      Un plus bel avenir.

Il marche cependant ce peuple qu'on bafoue,
Dont le *conservateur* impudemment se joue.
Il marche : — Et maintenant nul ne peut l'arrêter.
Poètes-artisans soutenez votre cause.
Dites à nos repus : — Le peuple est quelque chose,
      Craignez de l'irriter.

Le peuple veut sa place intacte, belle, entière
Au soleil du progrès, phare dont la lumière
Doit s'étendre sur tous. — Ne le rebutez pas
Par votre froid dédain, par de vaines amorces :
Il commence à sentir tout ce qu'il a de forces
      Pour combattre ici-bas.

Non pas comme autrefois par le plomb et la lance :
(Des maux qu'on nous a faits, frères, point de vengeance),
Mais par ces sentiments si nobles et si beaux
Que nous avons au cœur, qui nous disent : — les hommes
Furent placés par Dieu, sur le globe où nous sommes,
Pour s'entr'aider, s'aimer, pour être tous égaux.

1845.

Boutade.

Eh! pensez-vous par de vaines paroles
Changer le sort qu'on nous fait si fatal?
Non, vos discours, vos systèmes frivoles
Sont impuissants à conjurer le mal.

Nous repoussons vos doléances,
Votre pitié, tous vos projets.
Nous connaissons les conséquences
Qu'amènent des vœux indiscrets.

Et puis si nous sommes esclaves,
Les rebuts de la société,
C'est vous qui rivez nos entraves
Au nom de dame liberté.

L'un nous parle catholicisme,
Sur un certain ton de docteur.
L'autre dit : — Le socialisme,
Voilà le sentier du bonheur ! —

Allez, rêveurs, allez à tous les diables !
Nous attendrons (tout vient avec le temps)
Des jours meilleurs, des jours invariables,
Sinon pour nous, du moins pour nos enfants.

1845.

A Constant Grandouiller.

Va , je n'aspire point à l'immortalité.
Non , mes vers n'iront pas à la postérité.
Si quelquefois bercé de douces rêveries,
Je dis de gais couplets à nos belles chéries ,
      A mon ami.
Enfin , si je t'adresse une épître aujourd'hui,
C'est par délassement et pour chasser l'ennui
Qui vient m'assiéger quand, passant la navette
Le fil est bien mauvais et casse trop souvent.
      Pour ma muse inquiète ,
Ce n'est qu'un jeu de mots, un simple amusement.
Je ne me pique pas de justesse et de grâce :
Ami, je ne suis point un élu du parnasse ;
      Pour moi, Pégase est un cheval rétif. —

Et puis je ne sais pas les verbes, l'adjectif,
L'adverbe, le pronom, l'article, l'ablatif. —
Y Penses-tu, Constant? — Moi, publier des livres !
Oh ! jamais, non, jamais mon âme ne t'ennivres
   De ce rêve enchanteur
Qui berce le poète et fait bondir le cœur ;
De ce rêve qui tue en ce temps prosaïque,
D'agiot, de passions, de fureur politique
   Et de savants discours
Pour le peuple qui paie un peu plus tous les jours.

         1847.

A. C. Desbaux.

Frère, ne sais-tu pas que ces cœurs égoïstes,
Que ces hommes haineux, que ces froids utopistes,
Sont vendus au pouvoir, sont vendus aux partis ;
Qu'ils ne peuvent aimer et qu'ils n'ont pas d'amis ? —
Oui, tu sais comme moi que ces hommes serviles
Dans la fange abrutis n'ont pour Dieu que l'argent.
Ainsi, plus de contact avec ces âmes viles.
Travaillons, travaillons ensemble et constamment
Au grand œuvre entrepris par beaucoup de nos frères :
Ne nous appuyons pas sur les systèmes vains
De ces plats discoureurs, vaniteux écrivains,
Corrupteurs de l'esprit, cause de nos misères.

Ces hommes pleins d'orgueil, arrogants, sans pitié
Ont-ils jamais connu l'amour vrai, l'amitié ;
Ont-ils jamais senti de la triste indigence
Les soucis, les douleurs ? — Enfin ont-ils jamais

Par un mot consolent, par de nobles bienfaits
Au cœur du paria ramené l'espérance? —
Voyez-les, étendus, dans un char radieux,
Nous jeter en passant de la boue au visage,
A nous, plébéiens. — Mais, frère, du courage!
Marchons, marchons toujours vers le but de nos vœux.
Va, tôt ou tard, un jour, nous atteindrons la plage!

. . . .

. . . .

Oui, les temps changeront : le pauvre prolétaire
Pourra peut-être un jour faire entendre sa voix,
Réclamer, obtenir sa charte à lui, — ses droits.

Espérons, cher Desbaux, va, sous notre bannière
Nous comptons aujourd'hui des hommes généreux;
De Vinçard, de Poncy la voix n'est pas éteinte;
Lapointe peut encore, au riche insoucieux,
Dans son vers énergique adresser une plainte.

Gergy, août 42.

Les Français et les Rois.

Air à faire.

GUILLAUME DE PRUSSE.

Le français jaloux de ses droits,
Ennemi de tout vasselage,
Trois fois dans l'excès de sa rage
A brisé le sceptre des rois.
Oui, Dieu soutient du diadême,
Pour punir ce peuple orgueilleux,
Cousins, l'a fait victorieux,
« Car il afflige ceux qu'il aime ! »

LES FRANÇAIS.

Oui, nous revendiquons nos droits. —
Nous ne voulons plus de servage ;

Un peuple libre, juste et sage,
Ne sait obéir qu'à ses lois.
Le faux éclat du diadême,
Ne saurait éblouir nos yeux :
Guillaume, nous serons heureux,
Car Dieu protège ceux qu'il aime !

ISABELLE D'ESPAGNE.

Verrons-nous ce peuple sans frein
Mettre les trônes en poussière ;
Guerroyant par toute la terre,
Trancher toujours en souverain ?—
Jadis dans sa fureur extrême,
Ce peuple au crime abandonné
A méconnu son Dieu-Donné.....
Ah ! Dieu afflige ceux qu'il aime !

LES FRANÇAIS.

Le peuple seul est souverain :
Quand la nation se régénère
Son gouvernement se confère
A son plus digne citoyen.
Oh ! je vous le dis sans blasphême :
Reine, une sage liberté
Nous vaudra mieux qu'un Dieu-Donné,
Car Dieu protège ceux qu'il aime !

LE CZAR.

Quittons un coupable repos.
Il faut conjurer la tempête.
Voyez l'orage qui s'apprête,
Nous menace des plus grands maux.
Pour nous le péril est extrême ;
J'entends le cri de : Liberté
Qui me poursuit de ce côté.....
Ah ! Dieu afflige ceux qu'il aime !

LES FRANÇAIS.

Morbleu ! ne criez pas si fort !
Vous allez grossir la tempête.
Déjà l'Europe est inquiète,
N'éveillez pas le chat qui dort.
Pour vous le péril est extrême.
La liberté, c'est un grand mot :
Partout il aura de l'écho,
Car Dieu protège ceux qu'il aime.

1848.

——o c——

Chanson.

Air de la Pipe de Tabac,
ou *du petit Matelot.*

Si pour enseigner la sagesse,
Je mets le précepte en chanson.
En amusant si j'intéresse,
Si je fais aimer la leçon ;
Mes disciples, dans l'allégresse,
Chanteront, contents de leur lot :
Le bonheur est pour la sagesse
Et l'infortune pour le sot.

Une morale trop sévère,
Pénètre rarement au cœur ;
En jouant, la muse légère
Cache l'épine sous la fleur :
On doit captiver la jeunesse ,
Par un heureux choix de bons mots.....

Le bonheur est pour la sagesse
Et l'infortune pour les sots.

Le sage sait avec mesure,
Jouir des biens et des plaisirs
Que nous prodigue la nature,
Sans nuls excès, sans vains désirs.
Fortune, honneur, gloire et richesse,
Bien souvent ne sont que des mots :
Le bonheur est pour la sagesse
Et l'infortune pour les sots.

Tu veux éviter l'indigence :
Enfant, bannis l'oisiveté ;
Du travail naît la douce aisance,
La paix du cœur et la santé.
Point de beaux jours pour la paresse ;
La misère l'atteint bientôt :
Le bonheur est pour la sagesse,
Et l'infortune pour le sot.

Riez, mais n'offensez personne.
Dans vos discours soyez prudent.

On rit : — Rarement on pardonne
Au railleur parfois trop mordant.
Dans ce bel art que Gilot brille;
Ce n'est que le talent d'un sot.
Gilot prétend plaisanter Gille,
Et Gille se rit de Gilot.

Lausanne, janvier 1852.

Aux Bornes.

Grâce à toi, progrès saint, la Révolution
Vibre aujourd'hui dans l'air, dans la voix, dans le livre.

V. Hugo.

Le progrès, dites-vous, c'est le mal ! Imbéciles !
Vous dites qu'aujourd'hui, dans les champs, dans les villes,
L'homme est plus malheureux qu'autrefois.— La vapeur,
Les machines, le gaz, enfin tout vous fait peur?
Le métier de Jacquard, l'hélice de Sauvages,
La lampe de Davy, les travaux de Schœffer,
Ces batteuses qu'on voit parcourir nos villages ;
Tout cela dites-vous, nous vient de Lucifer.....

Non, la routine seule est fille de l'enfer.
Vous manquez de travail dites-vous?— Mais la terre
A besoin de vos bras. — Pour chasser la misère
Apprenez, cultivez, le bien être viendra
Rétablir l'équilibre et nul ne souffrira.

Ainsi vous regrettez ces jours abominables
Où les peuples étaient taillables, corvéables

A volonté. — Je prends acte de votre aveu
Et vous dis : Insensés ! Mais vous offensez Dieu !

Visitez aujourd'hui l'atelier, la chaumière ;
Voyez partout, chez tous, pénètre la lumière. —
Oui, la science marche. On sait ; où, l'on apprend.
Malgré vous le progrès, indomptable torrent,
Va remuer le monde, ensemencer l'idée,
Germe sacré, divin. — Ineffable pensée.

22 février 1857.

Agricol et Raoul.

D'où viendra la lueur, ô père ?
Dieu dit : De vous en vérité.
Allumez pour qu'il vous éclaire,
Votre cœur par quelque côté !

Victor Hugo.

On craint que nos inquiétudes,
Dans le feu de leurs passions,
Jettent parmi lés multitudes
D'immenses révolutions !
— Ah ! vraiment on a tort. — Esclaves
D'une époque où nous étouffons ;
Flétris par d'ignobles entraves,
Par d'abrutissantes leçons,
Que pouvons-nous dans la bagarre ?
Nous n'avons pas le feu sacré ;
Notre langage est trop barbare
Pour prêcher la fraternité.
Partout, toujours le prolétaire,
Séduit par de trompeurs appas,
S'ennivre à cette coupe amère
Qu'on lui prodigue à chaque pas.

— Depuis dix ans sur cette terre,
Pour moi pas un beau jour n'a lui.
Mon rêve d'avenir, ô frère,
Pour jamais s'est évanoui.

AGRICOL.

Pour jeter au vent cette plainte
Et ce long cri de désespoir,
Quel démon t'a soufflé la crainte
Et cette haine du devoir?
— Si tu veux mériter l'estime,
Ami, reconnais ton erreur.
En ces temps de misère infime,
Apprend à vaincre le malheur.
L'amour, les jeux, la folle ivresse,
Emportent les ans avec eux,
Et préparent à la vieillesse
Des jours bien souvent douloureux!
— Ainsi de la vie on abuse,
On s'abrutit, on perd son cœur :
Le temps s'envole et le corps s'use,
Plus ne reste que le malheur.
— Puisses-tu sortir de l'épreuve,
Puis rester enfin convaincu
Qu'à cette source on ne s'abreuve
Qu'en s'éloignant de la vertu.

Je connais un guide infaillible ·
Ceci n'est point une chanson ; —
Par son secours tout est possible :
Ce guide, ami, c'est la raison.
N'admettant dans sa foi robuste,
Que des sentiments vertueux ;
Les faits, les actes vicieux
Sont bannis de son temple auguste.
Suivons les préceptes du Christ.
Frère, aimons-nous les uns les autres.
Viens, soyons ses fermes apôtres,
Pour qu'un jour le mal soit proscrit.

RAOUL.

Travailler sans repos, sans trêve ;
Tous les jours se briser le corps
Pour enfler l'impôt que prélève
L'exploitation des plus forts?
Quoi, subir les mépris, la haine
De ces hommes à coffre-fort?
Non, — il faut briser cette chaîne
Qui nous étreint et qui nous mord ! —

AGRICOL.

Le bonheur pour le prolétaire
Est dans un travail assidu :

Il nous fait braver la misère
Et nous soutient dans la vertu.
— Le temps est le trésor du sage,
Il sait, il en connaît le prix ;
Le soumettant à son usage
Il en recueille de bons fruits.
— Le travail ennoblit la vie,
En prolonge, embellit le cours.
Ah ! loin de moi ton inertie,
Ta paresse et tes vains discours.

RAOUL.

Comment rompre mes habitudes ?
Abandonner le vin, les jeux ?
Comment, par de rudes études,
Chercher les moyens d'être heureux ?....

AGRICOL.

Mais le moyen que je t'enseigne,
Raoul est d'un succès certain.
Veux-tu savoir comment il règne ? —
Un jour visite Pierre Alain.
— Là, tu trouveras le modèle
De la plus grande activité.

En voici le portrait fidèle,
Et, je te jure, point flatté :
— Il a si bien réglé sa vie,
Que chaque instant a son emploi ;
Cette règle toujours suivie
Est seule son code, sa loi.
Toutes ses nuits sont régulières :
Sept heures, voilà son repos.
A peine il ouvre les paupières
Qu'il se lève frais, dispos.
Il n'est pas long dans sa toilette.
Il a bientôt ceint le tablier,
Et, gai comme en un jour de fête,
Il arrive leste au chantier.
— Il reste peu d'instants à table
Et se nourrit frugalement.
Partout, pour tous il est affable
Et bon essentiellement.
« Qu'il est beau, qu'il est intrépide,
« Ce travailleur au cœur joyeux,
« Au grand front de sueur humide :
« La gaité brille dans ses yeux. »
Il rit, travaille et toujours chante.
Dans l'avenir, frère, il a foi.
— Son âme forte, indépendante,
Jamais n'a maudit comme toi.

RAOUL.

Oui, tu dis vrai cher camarade.
Alain est plus heureux que moi.....
Si mon cœur fut longtemps malade
Je t'ai compris, — je sais pourquoi.

AGRICOL.

Oui, brise dès ce jour cette infamante chaîne
Qui, depuis si longtemps, te retient dans l'erreur.
Plus de plaintes, Raoul, et non plus de douleur ! —
Contre le genre humain plus de fiel, plus de haine
Ni de malédictions. — Amour, amour pour tous,
C'est la suprême loi ! — Travaillons, aidons-nous ! —

Thonon, janvier 1852.

A O. G.

Qui me demandait pourquoi l'on est heureux
à dix-huit ans.

Quand on a dix-huit ans, pourquoi l'on est heureux?
C'est que souvent on aime et que sur cette terre
      Tout se montre à nos yeux
        Plein de mystères,
        D'illusions.
Et puis qu'on ne sait pas les dégoûts de la vie,
Ses douleurs, ses revers, toutes ses passions ;
Enfin que bien souvent la jeunesse éblouie
Est folle, insouciante et sans prévisions,
Puisqu'elle use ses jours, ses beaux jours de jeunesse

A se créer, ami, des mondes fabuleux,
Et qu'elle donnerait ses jours insoucieux
    Pour un regard, une caresse.

Mais le temps passe vite.... on est plus si joyeux.
Les beaux rêves s'en vont (pressentiment funeste);
Les plaisirs, les amours s'envolent avec eux,
    Et, seule, la vérité reste !

Moulins de Bioge, 1852.

Un Commissaire.

C'était le soir. — Buvant un pot de bière,
Nous écoutions quelques couplets frondeurs
Que nous disait Massignac, le Trouvère,
Avec son flegme et ses gestes railleurs.
Quand Mons. P..., l'illustre commissaire,
Se lève et dit : (Ah! le sot animal);
Vous insultez ici le ministère? —
C'est bien.... je fais un bon procès-verbal. (*bis.*)

Joyeux propos, chansonnettes gaillardes,
Pour nous, Messieurs, voilà du superflu :

De par P... ô muses égrillardes
Partez, partez et ne revenez plus.
« Brave P... aux abus fait la guerre ;
« Ne laisse pas se glisser parmi nous,
« Les gais couplets ni la critique amère.
« Et francs lurons nous te maudirons tous ! » *(bis.)*

« Poursuis sans cesse en ton saint ministère
« Tous ces frondeurs sans vergogne et sans foi :
« C'est ton métier. — Tu n'es que commissaire,
« Et pour monter il faut ramper, crois-moi.
« Oui, flatte-les, ceux qui tondent les autres.
« Nargue les gens et leurs vilains propos.
« Du preux Guizot sois un des fiers apôtres.
« Fais des procès sans trève ni repos. » *(bis.)*

Convalescence.

A Elise P.

Quand les cloches du soir, si tristes dans l'absence,
Tinteront sur mon cœur, ivre de ta présence ;
Ah ! c'est le chant du ciel qui sonnera pour toi,
Et pour moi ! — Et pour moi !

Mᵐᵉ Desbordes Valmore.

Air :

Vers la colline
Que j'aime tant,
Avec bonheur, ravissement,
Je m'achemine
Moins souffrant.

Sur le vert gazon de nos bois
Je viens, Emma, comme autrefois
Rêver du bonheur dans la vie.
Comme autrefois, charmante amie,
Je viens au retour du printemps,
Respirer les parfums des champs.

Emma, je suis déjà plus fort :
Je marche seul, — et, sans effort
J'ai parcouru notre vallée.
Me délassant sous la feuillée,
Je pensais à notre avenir ;
A ton bonheur, mon seul désir.

Combien je suis resté de jours
Sans te voir, mes seules amours !
Si tu veux me redonner un peu de vie,
Oh ! viens me voir, — oui, viens demain :
Je t'attendrai sur le chemin.

Assis sous le vieil alizier ;
Sous cet arbre qui, le premier,
A connu ma convalescence,
Où je renais à l'espérance,
Emma, je t'attendrai demain.
Pour Dieu, que ce ne soit en vain.

Vers la colline
Que j'aime tant,
Avec bonheur, ravissement,
Je m'achemine
Moins souffrant.

1838.

Restons Célibataire.

Pour entrer en ménage
Et goûter le bonheur
Près du sexe volage,
Comment fixer mon cœur?....
Oh! fuyons la coquette
Au regard suborneur.
Évitons la grisette,
Son amour me fait peur.

Louise fière et prude,
Gourmande à tout propos,

Et son langage absurde
Troublerait mon repos.
Oh ! fuyons etc.

Ellénor est bien belle,
Son port est enchanteur ;
Mais cette péronnelle
N'a rien que sa fraîcheur.
Oh ! fuyons etc.

Hélène brune et fière
Serait assez mon fait ;
Mais elle fausse, altière,
Et je crains son caquet.
Oh ! fuyons, etc.

Laideur ne peut me plaire ;
Mais je crains la beauté :
Restons célibataire,
Pour n'être point trompé.
Oh ! fuyons etc.

Courtisons la bouteille,
Soyons maître chez nous.
Le vrai jus de la treille
Ne fait pas de jaloux.

Loin de moi ces grisettes
Bavardes et sans cœur.
Oui, fuyons ces coquettes
Au regard suborneur.

1849.

Couplets

Pour la fête de mon ami Victor B.

Am : *A vous dirai-je maman.*

Amis, buvons à plein bord
A la santé de Victor.
A bien célébrer sa fête,
Que chacun de nous s'apprête.
Amis, buvons à plein bord
A la santé de Victor.

Au plaisir, à la gaieté
Livrons-nous en liberté.
L'amitié vous le propose,
Le bon vin nous y dispose.
Au plaisir, à la gaieté,
Livrons-nous en liberté.

Apportons-lui tour-à-tour
Nos hommages, notre amour.
Témoignons-lui notre ivresse ;
Autour de lui qu'on s'empresse.
Apportons-lui tour-à-tour
Nos hommages, notre amour.

Le ciel propice à nos vœux
Le fera toujours heureux.
Que ses amis le révèrent ;
Que ses affaires prospèrent.
Le ciel propice à nos vœux,
Lui fera des jours heureux.

Amis, buvons à plein bord
A la santé de Victor.
Puissions-nous, buveurs illustres,
Trinquer ainsi dans dix lustres.
Amis, buvons à plein bord
A la santé de Victor.

1849.

Souvenir du Chablais.

(HISTORIQUE).

J'ai rencontré souvent, parcourant la campagne,
Un vieillard plein d'ardeur : Des fils de la montagne
        C'était le ferme appui. —
Paisible possesseur d'une simple chaumière,
Il cultivait en paix l'humble champ que son père
        Cultivait avant lui.

Toujours alerte et bon, sans souci et sans peine,
Il attendait gaiement la fin de la semaine.
        Le dimanche venu :
Rire, chanter et boire était sa douce affaire.
Il disait : — faisons tous ainsi qu'à fait mon père ;
        Longtemps il a vécu.

De bien loin on l'aimait. — Sa longue expérience

Le faisait respecter des hommes, de l'enfance.
        Nos rudes montagnards
Le venaient consulter (c'était vraiment un sage),
Qui pour un grand procès, qui pour un mariage ;
        Enfin à tous égards.

Jamais quina, séné, ni drogue que je sache
N'entrèrent sous son toit. — Du lait frais de sa vache,
        Pierre se nourrissait.
Et ce régime sain, l'air pur de la contrée
L'amenèrent un jour à sa centième année. —
        A peine il se courbait.

Mais ici-bas, amis, la mort est implacable :
Elle emporte les rois, le sage, le coupable.....
Et va frappant partout sans s'arrêter jamais.
Aussi de Pierre, un jour, l'âme s'est envolée ! —
Ce fut un jour de deuil. — La foule désolée
Autour de lui priait, — exhalant ses regrets !

Rappelez-vous toujours, enfants de la montagne,

Ses bienfaits, ses conseils, ses chants dans la campagne,
        Et son amour pour vous.
Toujours fiers montagnards honorez sa mémoire.
A vos jeunes enfants racontez son histoire,
        Ils le béniront tous !.....

                    Laverna, 25 *janvier* 1852.

Être seul, seul toujours, voir tant de places vides
  A cette table où bien longtemps
S'assirent, souriant, ceux qui furent vos guides,
  Les soutiens de vos premiers ans !

Écouter, regarder mille fois dans une heure,
  Si la porte en s'ouvrant,
Laisse passer un père, une mère qu'on pleure,
  En se ressouvenant.

Être seul, seul toujours..... N'avoir plus de famille,
  N'avoir rien à aimer
En ce monde trompeur où l'égoïsme brille,
  Et sait tout opprimer.

Être seul, seul toujours. — N'avoir plus même un frère,
Une sœur, un ami
A qui se confier en ce temps de misère
Et de funeste ennui !

Oh ! l'ennui c'est un mal qui vous étreint sans cesse :
Un mal affreux qui mord
Et donne le vertige, — et jette la jeunesse
Dans les bras de la mort !....

Oui, c'est là le spleèn qui lentement emmène
Celui qui sent un cœur
Bondir dans sa poitrine, — et dont l'âme sans haine
Fléchit sous le malheur ! —

Juin 1852.

Le Tisserand.

Rions, chantons, morbleu! vite en chantier.
Rions, chantons, en avant le métier.
  Fuyons la paresse,
  Nous dit la sagesse. —
Rions, chantons, morbleu ! vite en chantier.
  Sans mélancolie,
  Dépensons la vie.
Rions, chantons, marche le métier,
  Et nargue du rentier.

  Le front tout en nage
  Débitons l'ouvrage.
  Va, j'ai du courage
  Lise, auprès de toi.

Mais si la navette,
Ma bonne Lisette,
M'échappe et s'arrête,
Vite, rends-la moi.
Rions, etc.

Souvent la misère
Effrayante, amère,
Chez le prolétaire
Amène la faim!
Toute la semaine,
Travaillons, morguienne! —
On n'a, qu'avec peine,
Un logis, du pain.
Rions, etc.

Oh! mais en revanche,
Quittant le dimanche
Notre maison blanche
Aux contrevents verts;
Nous fuirons la ville,
La foule imbécile

En ruse fertile,
Et les cœurs pervers.

Rions, chantons, morbleu! vite en chantier.
Rions, chantons, en avant le métier.
    Fuyons la paresse,
    Nous dit la sagesse.
Rions, chantons, morbleu! vite en chantier.
    Sans mélancolie,
    Dépensons la vie.
Rions, chantons, marche le métier,
    Et nargue du rentier.

              1839.

L'Italie.

Air des Girondins.

Écoutez ! — l'Italie appelle ;
Elle craint pour son avenir.
Là-bas, la liberté chancelle,
Pour Dieu, ne la laissons périr ! —
 O ma France chérie, *(bis.)*
En avant, l'arme au bras, délivre l'Italie. *(bis.)*

Un peuple vaillant, fier et sage,
Plein d'honneur et de loyauté,
Doit soutenir avec courage
La cause de l'humanité.
 O ma France chérie, *(bis.)*
En avant, l'arme au bras, délivre l'Italie. *(bis.)*

Bonaparte, au nom de nos frères,
De méfaits trop longtemps subits ;
Guide nos phalanges guerrières,
Accours, sauve ce beau pays.
    O ma etc.

Zouaves, soldats d'avant-garde,
Soyez prêts au premier signal.
Armez-vous, que rien ne retarde,
Votre concours ferme et loyal.
    O ma etc.

Soutenez dignement la lutte,
Piémontais, Lombards et Romains ;
Résistez, que rien ne rebute
Vos efforts contre les Germains.
    O ma France chérie, *(bis.)*
En avant, l'arme au bras, délivre l'Italie. *(bis.)*

Mai 1859.

Adieu !

Courbé sous le poids du destin
Qui me poursuit dès mon enfance ;
Semant d'épines mon chemin,
Je n'ai plus même d'espérance ! —

Belles eaux fougueuses de l'Ain,
Qui nous prodiguez la richesse,
Qui semez chez nous l'allégresse,
Adieu ! — Je vous quitte demain !

Adieu ! — sur la terre étrangère
Je vais porter mes pas errants ;
Je vais quitter ces bords charmants,
Ma sœur, ma Thérèse et ma mère ! —

Ouchy, 8 janvier 1852.

À mon amie.

Déjà, j'ai vu vingt fois zéphir et le printemps
        Ramener dans nos champs
        Les fleurs et la verdure;
Et jamais à mes yeux, non, jamais la nature
Ne fut aussi brillante.— Eh bien! sais-tu pourquoi?—
C'est que je suis, Lisbeth, aujourd'hui près de toi. —

1835.

Deux Ramiers.

Vois-tu là-bas, — sous ces riants berceaux
  Ces deux charmants oiseaux ? —
Que doucement ils se frappent de l'aile,
Que de baisers, — et puis. — Eh bien ! tu fuis, Estelle ?

1835.

Napoléon.

I.

UN INVALIDE.

Tu n'es donc plus, — toi, l'orgueil de la France!
Napoléon, noble fils des combats.
Bardes sacrés, dites-nous sa vaillance,
Ses grands travaux, sa gloire, — son trépas! —

CHOEUR D'INVALIDES.

La mort a pu briser la chaîne
Dont l'écrasait l'infâme Anglais! —
Sous le saule de Sainte-Hélène,
Roi des guerriers, repose en paix.

UN INVALIDE.

Il nous guidait aux champs de l'Italie,
Et maintenant il est là, mort,... glacé!

Vieux compagnons, jurez par son génie,
Haine aux Anglais, haine pour le passé.

CHOEUR.

Oui, nous jurons par son génie,
Haine aux Anglais, aux potentats.....
Mais vieux soutiens de la patrie
Nous le verrons bientôt là-bas ! —

UN INVALIDE.

Il nous disait : vous êtes invincibles,
Vous, mes amis, vous, mes bons vieux grognards;
Voyez les rois devant vos fronts terribles,
Trembler toujours et fuir de toutes parts.

CHOEUR.

Il nous disait aux Pyramides,
Au Caire, Austerlitz, Aboukir :
En avant, soldats intrépides,
Marchez, sachez vaincre ou mourir!

UN INVALIDE.

Notre Empereur, — oh! respect à sa cendre;

Notre Empereur, c'est le roi des guerriers;
Et de César, Sésostris, Alexandre,
Ses beaux lauriers éclipsent les lauriers.

CHOEUR.

La mort a pu briser sa chaîne !
Il est libre enfin, fiers Anglais.
Sous le saule de Sainte-Hélène,
Roi des guerriers, repose en paix.

II.

UN INVALIDE.

Il nous revient celui dont la présence,
Faisait trembler cette altière Albion.
Sur l'océan ayez de la prudence
Marins qui ramenez — Napoléon !

CHOEUR.

Mort, nous le vénérons quand même. —
Chez nous il est encor de ceux
Qui l'ont connu sans diadème,
Consul, partout victorieux.

UN INVALIDE.

Ses derniers vœux sont satisfaits, ô France !
Oui, rois d'Europe, il revient en vainqueur ! —
Tremblez, tremblez, ce vaisseau qui s'avance
C'est le vaisseau qui porte l'Empereur ! —

CHOEUR.

Enfin le voilà sur la plage.
Il est arrivé d'aujourd'hui.
C'est bien là son noble visage,
Nous le reconnaissons : — C'est lui. —

1840.

Chanson.

Qu'on vante la science
Du Belge, du Teuton;
Que saint Veuillot encense
Blucher et Wellington;
Qu'un plat Guizot révère
Les Russes, les Anglais;
Moi, je chante et préfère,
L'honneur du nom Français.

A défaut de prouesses,
Un vieux marquis chagrin,
Étalant ses richesses,
Son jaune parchemin;
Dit que tout dégénère
En nos jours corrompus;
Qu'il n'est plus sur la terre
Ni talents, ni vertus.

Malgré les sots outrages,
Proneur du bon vieux temps,
Notre siècle a des sages,
Des héros, des savants.
Les enfants de la France
Cultivent tous les arts,
Et sèment l'abondance
Chez tous, de toutes parts.

Sur la terre d'Afrique
Quatorze ans de succès,
Vous prouvent sans réplique
La grandeur des Français.
La tradition, l'histoire,
Des Bardes les refrains,
Célébreront la gloire
De nos contemporains.

Narguons ce gentilhomme
Aux absurdes regrets,....
Car il ne sait pas comme
Avance le progrès. —
Chantons, joyeux Trouvères,
Ces braves ouvriers;

Ces laboureurs, nos frères,
Et nos vaillants guerriers.....

1844.

Pleins d'une fière audace,
Nos jeunes défenseurs,
Marcheront sur la trace
De leurs prédécesseurs.
Volez à la victoire ;
C'est à vous désormais
De soutenir la gloire
Et l'honneur des Français.

Mai 1859.

Le Printemps.

La terre n'a plus son manteau
De neige, de glaçons, de pluie;
Déjà, le frais zéphir essuie
Les toits humides du hameau.
Gais pinçons, gentilles fauvettes,
Venez animer nos buissons;
Sans vous, sans vos douces chansons,
Voyez, ces rives sont muettes.

Charmants oiseaux, oui, revenez
Fêter avec nous la nature,
Retrouver parmi la verdure
Vos nids longtemps abandonnés.
Gais etc.

Bientôt je pourrai chaque jour
Cueillir des couronnes pour celle
Que j'aime, — et dont l'âme est si belle !
Bénie sois-tu, saison d'amour.
Gais etc.

Que j'aime à voir ces blonds enfants
Rire et danser sur ces rivages.
Oh ! je voudrais, sous ces ombrages,
Les voir encor dans cinquante ans.....
Gais etc.

Gergy, 1842.

L'Automne.

Vous nous quittez, charmes de nos demeures.
Brillantes fleurs, bocages enchantés ;
    Vous qui m'embellissiez les heures.
    Doux rossignols vous nous quittez.

Ma vue au loin tristement égarée,
Fait naître en moi de pénibles regrets :
    On ne voit plus dans la contrée
    Ni fleurs, ni fruits, ni gazon frais.....

Où fuyez-vous, illusions chéries,
Soleil, parfums qui nous étiez si doux ;
    Et vous, charmantes rêveries,
    Douces erreurs, où fuyez-vous?...

Je sens déjà fraîchir le vent d'automne ;
Zéphir s'envole et les fleurs vont mourir ! —
    Ah ! des beaux jours que Dieu nous donne,
    Amis, pressons-nous de jouir....

1842.

La Vouivre.

J'aime à fronder les préjugés gothiques
Et les cordons de toutes les couleurs.
Mais étrangère aux excès politiques,
Ma liberté n'a qu'un chapeau de fleurs.

BÉRANGER.

Un soir d'hiver, assise au coin de son feu, bonne-maman
nous appela, mes sœurs et moi, en nous promettant, si nous
voulions être bien sages et attentifs, de nous raconter une
légende d'autrefois. Nous nous rangeâmes aussitôt autour
d'elle ; puis, quand elle eut craché, toussé, mouché, elle
se mit à dire :

Avant quatre-vingt-douze, au temps des bonnes mœurs,
    De la dîme, des privilèges
    Et des saintes erreurs ;
Quand les peuples croyaient à bien des sortiléges ;
Quand la vieille noblesse et les prêtres régnaient
Et que, d'accord entr'eux, ces hommes éteignaient
Tout germe de savoir qui commençait à vivre.
    Dans ces jours de servage, enfin ;
Notre village, aussi, possédait son lutin.
    Sorcière qu'on nommait : — la Vouivre.

Si vous saviez, mes chers petits
Amis,
Combien elle était laide ! —
Tenez, j'avais grand peur de ce maigre bipède ;
Et quand j'allais, enfant, toute seule, la nuit,
Si j'entendais un peu de bruit,
Je tremblais, et je priais la Vierge,
Lui promettant un cierge,
Pour qu'elle me rassure et chasse loin de moi
Cette vieille sans foi
Ni loi,
Méchante sans égale.
Enfants, ce soir, je veux
Vous dire son portrait : — Elle était grande et pâle,
Et sur sa nuque sale,
Ses cheveux roux et plats tombaient disgracieux ;
Son nez avantureux
Descendait recourbé vers son menton de bique ;
Sur sa bouche fétide et veuve de ses dents
Un sourire diabolique
Errait sans cesse et faisait peur aux gens ;
Son œil unique
Et flamboyant
Illuminait sont front livide ;
Et l'ignorant stupide
Disait : « Il est de feu, de diamant,
« Il brille dans la nuit et vous jette des flammes,

« Nul ne peut le fixer sans être occil.
        « Cet œil maudit
« Fait trembler les vassaux, les varlets et les dames. »

Ses longs bras décharnés qu'on aurait dit perclus,
        Finissaient par deux mains calleuses,
        Et ses jambes cagneuses
        Par de longs pieds fourchus.
On nous disait aussi que la mégère avait
Un anneau merveilleux, admirable,
Qui rendait invisible, invulnérable
        Quiconque le portait.
« Oh! Vouivre, si j'avais votre talisman fée,
        « Ainsi que vous, voilée,
        « J'irais partout. — Des amoureux
            « De Champagnole,
        « J'apprendrais les secrets, les vœux
« Et tous ces jolis riens, qui nous rendent heureux
        « Dès qu'on ne va plus à l'école.
            « Et puis après
        « Je voudrais tout leur dire,
            « Et leur sourire
« En les voyant confus d'entendre leurs secrets. »

Mais revenons à la sempiternelle
Par les vieux du vallon maudite tant de fois :

Pour se cacher le jour elle avait fait le choix
De l'affreux souterrain d'une antique tourelle,
Débris de ce manoir qu'habitait autrefois
          Les jeunes damoiselles,
          Les barons orgueilleux
      Qui commandaient à nos aïeux.
« Que le temps inflexible emporte sur ses ailes
« Ces tristes souvenirs de nos jours de misères.
« Peut-être, chers enfants, en ces temps de terreurs
« Cette prison obscure a vu bien des douleurs.
« Peut-être c'était là que les vassaux, nos pères,
« S'en allaient expier des torts imaginaires —
      « Par ordre des seigneurs. »

Quand le ciel était sombre et que sur la montagne
          La nuit jetait son voile épais,
          Hideuse et rêvant de méfaits,
La Vouivre, alors, descendait la montagne :
Si par les champs alors conduisant ses bœufs blancs,
Un laboureur tardif allait à l'avanture,
Venait à rencontrer cette grande figure,
Malheur ! — malheur sur lui ! malheur à ses enfants !....

      Mais il est tard : l'horloge sonne
          L'heure du repos.

Bonsoir, enfants ! — bonsoir, grand'maman bonne,
    A dormir nous sommes dispos.
Bonsoir, — nous allons tous rêver de froids sourires,
    D'anneaux d'or, de vampires,
    De sots barons et de varlets,
    Et de lutins bien laids.....

                            1840.

La Roche Ardière.

A mon ami Charles G....

Oui, pour te rappeler un de nos jours de fête,
        De chants d'amour, de jeux,
        Je voudrais être poète. —
Oh ! c'était le bon temps, nous étions bien heureux ! —
Nous ne connaissions pas les craintives alarmes
Ni les soucis ; — jamais nous ne versions de larmes.—
Mais les ans ont mûri nos jeunes passions ;
Nous n'avons plus d'amour, non plus d'illusions.
De ces jours loin déjà, je me souviens encore.
Vieil ami..... c'en est fait, nous n'irons plus au bois
Rire, chanter, danser en la saison de Flore
        Comme autrefois. —
Hélas ! nous sommes vieux. — Trente ans, cher G.....
        Ont passé sur nos têtes
Aussi vite qu'un songe : — Adieu les chansonnettes,
L'amour, ses jolis riens, ses bonheurs, ses secrets.

I.

Viens m'inspirer, ô Naïade d'Ardière,

Des vers heureux, dignes de la bergère
À qui j'avais, pauvre rêveur,
Donné mon cœur. —
Dans ce vallon désert se glisse dans mon âme,
Quand j'y viens, malheureux, un pur et saint dictame :
Là, jamais on est seul : —les fleurs, les chants d'oiseaux,
Le vent dans les sapins, le murmure des eaux
Qui roulent lentement sur le roc ou le sable ;
Le chant des bûcherons redit par les échos,
Tout ramène en mon cœur un calme inénarrable.

II.

Qu'entends-je par le bois, quels sont ces cris joyeux ?
D'où viennent ces accents, ces sons harmonieux
Qui, soudain, ont frappé mon oreille attentive ? —
Je vois là-bas, et, comme une ombre fugitive,
S'avancer un essaim d'élégantes beautés ; —
De jeunes cavaliers marchent à leurs côtés : —
Ils dirigent leurs pas vers le ruisseau d'Ardière.
J'en vois d'autres encor cotoyer la rivière.....
Chaque couple est chargé d'un précieux butin : —
Tout annonce l'apprêt d'un champêtre festin.
Charles, en souriant à l'espiègle Annette,
S'avance le premier ; — c'est le roi de la fête.
Cir porte le panier qui cache le nectar,
Et, crainte d'accident, marche seul à l'écart.
Raymond donnant le bras à la brune Thémire,

D'un air grave et posé porte la poêle à frire.

Janvier, le vieux pêcheur, a promis du poisson ;
Il en apportera du bien frais et du bon.
Dès le matin, partout, il fouille la rivière.

Riez, chantez enfants, — mélancolie, arrière ! —

III.

Tout est en mouvement, le travail est un jeu : —
Des veines d'un caillou, Raymond tire du feu.
A travers les sapins le voilà qui scintille
Et monte en tourbillons du brasier qui pétille.
Déjà, par Élisa, le poisson préparé,
Dans le poêlon bien chaud est aussitôt jeté.
Élisa s'y connaît, et la coquette assure
Que jamais vieux poisson ne fut bon en friture.
A des mets succulents, ils joignent le bon vin ;
Et le bon vin dit-on est l'âme d'un festin
Où chacun, sans façon, se verse une rasade.
Casimir, en chantant, prépare la salade. —
On sort du havresac un énorme jambon ;
Il est accompagné d'un gigot de mouton,
D'un poulet gras et froid et de quelques saucisses :
D'un gâteau, de fromage et d'un plat d'écrevisses.
Le dessert sera bon : ils auront de beaux fruits
Veloutés, frais, vermeils et par le sol produits.

On voit partout briller la framboise odorante,
La noisette dorée et la mûre rampante : —
Chaque fruit tour-à-tour vient suivant les saisons,
De nos vastes forêts embellir les buissons.

Partout à les cueillir on se hâte, on s'empresse.

La moisson est complète et toute la jeunesse
Rejoint en gambadant avec joyeuseté.
Le vin mousseux d'Arbois aussitôt est versé : —
On savoure à longs traits la liqueur enivrante.
Mais on prie Edouard, dont la voix charmante,
De chanter un couplet, un refrain de gaieté.
Il se lève et leur dit d'une voix minaudière : —

Air : *Est bien à moi, car l'ai fait naître.*

I.

Forêt paisible et solitaire,
Séjour charmant aimé des Dieux,
Je passerais ma vie entière
Sous tes sapins majestueux.

II.

La voix des oiseaux se mêle
Au bruit du vent dans les sapins ;
Et puis la nature est si belle,
Si verdoyante les matins.

III.

Sur cette rive, oh! quelle ivresse,
Amis, pénètre tous mes sens.
On respire ici la tendresse,
Avec les frais parfums des champs.

IV.

Que j'aimerais une chaumine
Non loin de ces arbres ombreux ;
Un frais verger sur la colline
Pour ma Lisette aux grands yeux bleus.

V.

Tout près une eau limpide et pure,
A l'entour des bosquets, des champs,
Des prés, des fleurs, de la verdure.....
Où joueraient nos petits enfants.

VI.

Qui vient troubler ma quiétude
Et le repos de ces forêts ;
Ces lieux où ma plus douce étude
Est d'en célébrer les attraits?

VII.

C'est toi plaintive Philomèle,
Tu dis à l'écho d'alentour
Le doux bonheur d'être fidèle
Et les charmes de ce séjour. —

J'ai dit. — Lisette à votre tour?

LISETTE.

AIR : *La Fortune.*

I.

Je veux, mes gais amis, mes joyeuses compagnes,
Par des couplets nouveaux vous mettre tous en train.
Je veux chanter la paix, les jeux de nos montagnes,
Vous, répétez en chœur, répétez mon refrain.

> Le printemps nous invite
> A fêter les amours.
> Le bonheur passe vite,
> Jouissons des beaux jours. —
> Écoutez? le zéphire
> Vole de fleur en fleur,
> Et tout ce qui respire
> S'enivre de bonheur.

II.

Sur ces rives de l'Ain, que la nature est belle!
Ces frais muguets, ces fruits qui naissent sous nos pas;
La beauté, les parfums de la saison nouvelle
Ont chassé pour longtemps la neige, les frimas.

> Le printemps etc.

III.

Oh! quel charmant délire, oh! quelle sainte ivresse
Fait palpiter mon cœur quand je suis près de vous,
Quand je dis, en ces vers, peut-être avec rudesse,

Les ris, les jeux, les fleurs ou les autans jaloux ;
Ou la brillante fête
Qui nous rassemble ici.
J'ai dit ma chansonnette ;
A vous cher Blanchini.
Écoutez ? — le zéphire
Vole de fleur en fleur,
Et tout ce qui respire
S'enivre de bonheur.

BLANCHINI.

Air : *Je veux, un jour, avoir une chaumière.*

I.

Oh ! n'ai jamais rêvé près de Nanette
Plus doux bonheur que celui que je sens ;
Le plaisir pur qu'on goûte en cette fête
Devrait durer jusqu'en mes vieux ans.

II.

Être toujours près gentillette mie ;
Avec vous tous gaiement danser en rond :
Comme voudrais que s'écoule ma vie.
Voilà, j'ai dit ma pauvrette chanson.

IV.

Mais déjà vient la nuit et la troupe inquiète
Voit terminer trop tôt ses chansons et la fête. —

1847.

TABLE.

POLIGNY, IMP. DE MARESCHAL.

* 9 7 8 2 3 2 9 7 7 7 9 1 7 *